N° 88

"*Pages actuelles*"
1914-1916

La

Place de la Guerre actuelle

dans notre

Histoire nationale

PAR

Camille JULLIAN

MEMBRE DE L'INSTITUT
PROFESSEUR AU COLLÈGE DE FRANCE

BLOUD ET GAY, ÉDITEURS
PARIS — BARCELONE

"*Pages actuelles*"
(1914-1916)

La
Place de la Guerre actuelle
dans notre
Histoire nationale

PAR

Camille JULLIAN

MEMBRE DE L'INSTITUT
PROFESSEUR AU COLLÈGE DE FRANCE.

BLOUD & GAY
Éditeurs
PARIS, 7, Place Saint-Sulpice
Calle del Bruch, 35, BARCELONE
1916
Tous droits réservés

La place de la guerre actuelle dans notre histoire nationale [1]

Les rapports du présent et du passé

Aujourd'hui, comme il y a un an, le temps présent pèse sur nos âmes : il nous impose nos réflexions, nos tristesses, nos espérances. Personne, parmi nous, n'aurait la force de s'absorber dans le passé ; et je n'aurai pas le courage de vous le demander. Chaque fois que nous parlerons de la Gaule, il nous sera impossible, à vous et à moi, de ne point songer à la France.

Est-ce un tort de mêler nos pensées actuelles à des études sur le passé? Manquerons-nous à nos devoirs envers la science et la vérité? y a-t-il une marque de faiblesse ou un défaut de méthode, à ne pouvoir dépeindre nos ancêtres sans jeter un regard sur leurs descendants ? à ne point séparer l'analyse des choses d'autrefois et l'attente de notre lendemain ?

Je ne l'ai jamais cru; et vous qui, depuis dix ans, m'apportez le réconfort de votre amicale

---

(1) Leçon faite au Collège de France, 1ᵉʳ décembre 1915 ; ouverture du cours d'Antiquités nationales. Parue dans la *Revue Bleue* du 15-22 janvier 1916.

attention, vous n'avez jamais cru que j'oubliais ma charge d'historien, parce que je refusais de fermer les yeux aux spectacles du présent, d'interdire à mon âme l'approche de certains rêves.

Si l'assyriologue ou l'égyptologue s'enferment dans une tour d'ivoire pour déchiffrer cunéiformes ou hiéroglyphes, nous le leur concédons volontiers : car les temps et les pays dont ils s'occupent sont loin des nôtres, et entre les terres antiques où pénètrent leurs recherches et les nations vivantes où sont leurs patries, il y a l'espace de milliers d'années et la distance de milliers de lieues. Pourtant, quand je vois que les destinées du Nil et de l'Euphrate sont devenues les deux problèmes souverains de notre époque, je me demande si ces savants ne projetteraient pas plus de lumière sur le lointain passé de l'Egypte ou de l'Assyrie, en laissant se glisser sur leur table de travail quelque rayon venu des horizons contemporains.

Pour nous, qui avons à parler du sol et de la vie de la France, ce n'est point seulement par amour de patriote, mais aussi par raison d'érudit, qu'à travers les siècles ligures ou celtiques, nous n'avons cessé et nous ne cesserons d'entendre sonner nos heures françaises.

Qu'il s'agisse de deux et de trois millénaires, ou qu'il s'agisse du moment présent, c'est le même sol qui apparaît à l'historien, avec ses mêmes rivières s'unissant aux mêmes confluents, avec ses mêmes moissons sorties des mêmes sillons. Nos frères de maintenant sont les arrièrepetits-fils des laboureurs ou des guerriers dont nous avons vu les tombes immuables; et ceux-ci ont goûté, comme nous, au pain de nos blés et au vin de nos coteaux. Ils ont façonné des idées et des croyances qui survivent en nous-mêmes ; ils ont tracé les premiers linéaments de cette belle figure que présente notre nation. Terres et frontières, hommes et mots, pensées et idéal, la Gaule a commencé la France. Le même flambeau, jamais éteint, s'est transmis aux mêmes lieux. Vingt siècles et davantage ont travaillé à faire ce que nous sommes. La patrie est l'œuvre de nos morts plus encore que la nôtre.

Toutes ces choses d'il y a deux mille ans, — les nautoniers de Paris ancrés à la pointe de la Cité, des Celtes montant la garde au sommet du mont Saint-Odile, et ces Germains qui viennent menacer César sur la route de Liége, et ces Ligures qui échangent sur les deux versants des Alpes leur sang et leur langue, — toutes ces choses du passé que nous constaterons avec l'exactitude nécessaire, mais ce sont aussi choses du présent, et ce sont aussi choses éternelles. Car c'est notre sol qui les a faites, et sa structure, et la nature de ses contours, et les espèces de ses voisinages. Il était impossible qu'il en fût autrement : et que Paris ne fût pas devenu une cité-mère, et que le Rhin d'Alsace ne restât pas une limite de patrie, cela était aussi impossible qu'aux épis de ne point mûrir, aux hommes de ne point agir, aux âmes de ne point sentir.

Pour mieux comprendre les temps gaulois,

j'interrogerai donc souvent notre France : j'en a le droit et j'en ai le devoir. J'apprécierai plus justement l'ouvrage de nos ancêtres, en notant ce qui en demeure; j'estimerai à sa vraie valeur le rôle de notre peuple sur la terre, si dans son allure présente je retrouve des gestes séculaires. La science, la vérité, ne peuvent que gagner à prendre le contact des réalités. Et nous tirerons ensuite de ce contact le bénéfice d'associer aux efforts du savant les émotions du patriote : nos longues heures d'un pénible labeur seront égayées et fortifiées par la vision toujours proche d'une France aimée.

L'éternité de la nation

Cette France, depuis deux années, traverse une crise, soutient une guerre longue et rude. Je voudrais examiner avec vous la nature de cette crise, la place de cette guerre dans la vie de notre nation.

Je vous en prie, lorsque je dis la vie d'une nation comme je dirais la vie d'une personne, ne croyez pas que ce soit une simple comparaison, une figure littéraire empruntée à l'Antiquité et sans aucune portée réelle. Tout au contraire, cette idée qu'une nation est une personne, un être qui s'est formé peu à peu de parents différents de lui, d'éléments combinés et de circonstances diverses, ayant ses crises physiques et morales, ses heures de dépression et de sagesse, pourvu de ses qualités et de ses défauts, libre d'oublier les uns et de corriger les autres, tantôt docile à de mauvais bergers, tantôt réfractaire à de bonnes leçons, tantôt uni avec ses chefs dans la volonté de bien faire, tour à tour en état d'amitié sacrée ou de querelle stupide, aussi capable enfin que l'homme même de guider son âme et de surveiller sa vie, cette croyance en la personnalité et en la liberté d'une nation est la mienne, et celle de tous les maîtres français dont s'inspire cet enseignement. Et dire que la France est une personne, ce n'est pas faire de la rhétorique, c'est rendre hommage à une réalité.

Seulement, si nous disons qu'une nation naît, s'éduque et se développe comme un être humain, nous n'ajouterons pas qu'elle doit mourir comme lui. Je ne pense pas que désormais dans le monde une vraie nation puisse périr. Telle que le héros de la fable (et ici c'est bien une comparaison), elle a vu le jour et elle a grandi; telle que lui encore, elle aura ses accès de défaillance, où la vie semblera la quitter. Mais elle renaîtra toujours. Une patrie n'est soumise ni à l'aiguillon de la mort ni à la victoire du sépulcre. Car elle renferme en elle, outre les éléments périssables qui viennent des humains, les principes éternels qui viennent de la nature, les ineffaçables traditions qui viennent du passé. Tant qu'on n'aura pas changé le cours de nos rivières, la fertilité de nos champs, la gaieté de notre ciel, la beauté de notre histoire, les merveilles de nos écrivains, on ne pourra détruire la vie nationale de la France. Vous aurez vaincu ou enchaîné les hommes, mais la terre et le souvenir feront toujours d'eux les hommes d'une patrie.

Dans la vie héroïque de notre nation, cherchons donc à quelle heure a eu lieu cette guerre, quelle période de notre histoire elle représente, quel caractère elle a pris, quelles destinées peuvent en résulter pour nous.

La France, pareille à une seule cité

Cette guerre, regardons-la d'abord en face, de manière matérielle et concrète, je veux dire regardons où sont nos armées, comment elles se tiennent, et de quels hommes elles se composent.

Nos armées constituent ce qu'on appelle un front de bataille, c'est-à-dire une ligne ininterrompue de combattants, qui s'étend sur cent cinquante lieues, depuis la mer du Nord jusqu'à la frontière de la Suisse. Elles se présentent comme une barrière d'hommes, toute en façade, insignifiante de profondeur par rapport à la longueur : cela ressemble à la courtine d'une forteresse, au rempart d'une cité. Et il en a été ainsi dès le début des opérations militaires : la courtine a changé de place, des courbes se sont accentuées, d'autres se sont résorbées ; mais la bataille s'est toujours produite le long d'une ligne sans intervalle.

Quelle différence avec les guerres d'autrefois, faites à l'aide de masses d'hommes souvent isolées et toujours mobiles, qui s'intercalaient et parfois s'enchevêtraient les unes dans les autres, agissant contre l'ennemi à la manière d'un vaisseau qui manœuvre, poursuit, heurte ou se retire, et non pas, comme nos armées, à la façon d'une digue qui arrête la pression des flots !

Observons les choses de plus près. — Qu'est-ce qui détermine la nature de ces combats, la forme et la place de ce front? Il ferme la France, de même qu'un remblai barre un chemin; il cherche à suivre, et il a d'abord suivi le tracé de la frontière; et, s'il se déplace, c'est pour se rapprocher de cette frontière.

A dire vrai, le front de notre armée est pour le moment la frontière visible de notre Etat, ce qui signifie la limite de la France libre et agissante, l'obstacle à la menace de l'ennemi : les bornes de notre pays, la garde de notre nation, ce ne sont plus, du côté de l'Est, des douanes, des pierres ou des poteaux, c'est la chaîne sans rupture de millions de nos enfants.

La guerre a donc pris l'aspect d'une guerre de bordure, de façade, à la lisière de la patrie. Nos soldats sont, corps et âmes, la ligne vivante qui fixe sur le sol la figure de notre nation, qui dessine dans le monde l'auréole dont s'encadre la France en ces journées de sa vie.

Pour contempler en histoire un pareil tableau, celui d'une armée faisant à son peuple limite et barrière, il faut aller très loin derrière nous, au temps des cités de la Méditerranée antique, de Rome, d'Athènes ou de Carthage, quand toute patrie était une ville, avec des remparts pour en marquer le seuil et des hommes pour les garnir et les défendre. Alors, par exemple lorsque les légions latines assiégèrent Carthage ou Marseille, que tous les soldats de la ville s'alignaient le long de son enceinte, fraternité de citoyens en armes bordant la muraille de la terre natale, alors, l'armée de la cité, semblable à celle de notre France, était l'enveloppe qui révélait à l'ennemi la présence et la résistance de la patrie divine. Ces deux êtres, armée et nation, alors comme aujourd'hui, s'adaptaient l'un à l'autre en une même vision de combat.

Notre temps évoque en nous le souvenir des patries municipales de l'Antiquité. La France se tient à l'intérieur de son armée, telle qu'Athènes à l'intérieur de ses remparts. La seule différence est dans les proportions : ce sont quarante millions d'hommes qui résistent et cent cinquante lieues qui les entourent, au lieu de quelques milliers de citoyens et de quelques milliers de pas. Mais la France est tout entière, comme nation et comme terre, faite à l'image d'une cité sainte d'autrefois.

Les remparts sacrés du front

Ce qui achève de nous donner le droit de cette comparaison, c'est que nos soldats ne sont point debout dans la plaine, mais que leur campement est incorporé dans le sol même du pays, ainsi que les remparts tenaient jadis au sol de leur cité.

Ce que vous voyez, sur le tracé de la bataille, ressemble aux entours d'une ville forte. Tranchées de première et de seconde ligne, boyaux de jonction, postes de guette, ouvrages détachés, tout ce qui fait une forteresse se dresse ou se cache sur notre front, depuis les montagnes du Jura jusqu'aux dunes de la Flandre. On pourrait, sur ces six cents kilomètres, d'une extrémité à l'autre, cheminer sans quitter la terre battue par nos pionniers et les parois où s'appuient nos armes. Une muraille longue de six cents kilomètres! le monde ne vit jamais chose pareille.

Cela pourtant, dimensions à part, c'est l'équivalent des dix ou quinze mille pieds de fossés, de galeries ou de terrasses, dont les Carthaginois se couvrirent contre Scipion Emilien et les Marseillais contre Jules César. Dans ces petites patries qu'une ville suffisait à contenir, comme dans notre patrie qui embrasse une vaste région de l'univers, ce sont des remparts qui abritent, de la pierre et de la terre attachées au sol, et tirées de ce sol même.

Il faut bien voir la beauté symbolique de ces

murailles de pierre et de terre, la voir comme les Anciens l'ont si souvent définie en leur langage imagé et en leur pieuse éloquence. C'est le sol lui-même, — dont ces murailles sont sorties, où ces galeries sont percées, où ces hommes descendent et veillent, — c'est le sol même de la patrie qui lui sert de cuirasse : le sol et l'armée de la nation se sont embrassés et étreints pour former une seule barrière.

Je ne parle que du moment présent. Demain, les choses pourront changer, et nos soldats se dégager de la terre et devenir libres de leurs mouvements. Mais j'ai voulu ne regarder aujourd'hui que les faits du moment présent et chercher à leur donner un sens.

Et ce que j'ai vu, ce sont des levées et des couloirs interminables qui font enceinte à notre pays, une terre qui se soulève ou qui se creuse pour protéger d'autres terres que l'on cultive, des pierres de remparts qui s'ajustent pour défendre des milliers d'autres pierres, celles de nos foyers, de nos églises et de nos tombeaux. Maintenant, je reconnais et je comprends ce que les Anciens disaient des murailles de leurs villes : ils les saluaient comme des temples, comme des sanctuaires, parce qu'elles étaient à la fois le sol, le cadre et la force de la patrie, presque aussi saintes que les dieux mêmes. — Nous aussi un jour, après la délivrance, nous nous inclinerons devant les saintes tranchées d'Artois et de Champagne, ainsi que Rome se courbait de reconnaissance vers les murailles augustes de son Capitole triomphant.

L'appel à tous les Français

Après avoir regardé les lieux où l'on combat, regardons les combattants eux-mêmes.

Ils sont, tels que des armées de Rome ou de Sparte, ils sont vraiment notre jeunesse en armes, l'expression virile de notre nation. A aucune autre date de son histoire la France n'a mis ainsi dans une guerre la totalité de ses forces, l'ensemble de ses printemps sacrés. Ni en 1870, ni en 1814, ni en 1792, ce ne fut la levée universelle. Mille motifs intervinrent, qui purent soustraire des Français à leur devoir militaire. Il s'impose aujourd'hui à tous, si petits et si grands qu'ils soient. Ni la richesse, ni la misère, ni l'intelligence, ni le sacerdoce ne dispensent personne des œuvres de la guerre. C'est la première fois que nous menons au combat une armée pleinement nationale.

Toutes les classes, toutes les provinces, toutes les professions sont également représentées dans cette armée. Examinez l'un après l'autre les groupes sociaux ou régionaux qui constituent notre pays : chacun d'eux a pris, en proportion de ses effectifs, son lot de la bataille, de la mort et de la gloire. Que ces groupes pleurent et célèbrent plus volontiers les héros qui furent leurs camarades, que notre grande Ecole Normale s'enorgueillisse avec douleur de l'hécatombe de ses enfants frappés devant l'ennemi, que le Service des Postes inscrive plus de douze cents noms sur le livre des sacrifices qu'il a faits à la France, que les Provençaux soient fiers d'avoir chanté en leur patois sur les sommets reconquis de la Haute-Alsace, que les fusiliers marins aient enrichi le patrimoine de leur histoire par les sublimes journées de Dixmude : — il est bon qu'on le sache et qu'on le répète, et que les amis et les successeurs de ces morts et de ces vainqueurs se rappellent avec une pieuse complaisance leurs actions personnelles et leurs mérites particuliers : la grandeur morale de la France ne peut que s'accroître si chacune de ses familles sociales a ses bravoures et ses fiertés propres. Mais que chacune aussi, en exaltant les siens, réfléchisse qu'ils furent semblabes à tous les hommes de France.

Il en résulte que toutes les maisons ont eu leur part de douleur : égalité dans le combat pour la jeunesse, égalité dans la souffrance pour ceux qui restent. Le deuil ou l'angoisse ont confondu les foyers en une fraternelle résignation. S'il en est parmi nous auxquels le hasard des naissances épargna les pires des craintes, croyez qu'à de certaines heures, ces pères et ces mères qui n'ont pas eu de fils, souffrent de n'avoir pu en offrir, de n'avoir pas assez souffert.

A coup sûr, toute notre jeunesse valide n'est pas sur le front. Beaucoup servent en mer, travaillent dans les ateliers. Il n'importe : fabriquer ou transporter des armes, c'est aujourd'hui une manière de faire de la bataille et de la victoire, une manière, aussi, de donner ses forces et d'exposer sa vie. Limiter à des combats le service militaire, serait une façon enfantine de définir les devoirs et les efforts d'une nation. Les Anciens eux-mêmes, à côté de leurs cohortes légionnaires, avaient leurs centuries d'ouvriers : celui qui forgeait une épée pouvait être traité de soldat.

En un sens, dans les journées que nous traversons, tout ce qui vit sur terre de France, j'entends tous ceux d'entre nous qui valent le prix de leur vie, ont le droit, le devoir, le pouvoir de faire chacun une œuvre de soldat. Cette guerre est devenue telle, si compréhensive et si compliquée, qu'elle convoque les femmes comme les faibles, les adolescents dont les yeux viennent à peine de s'ouvrir à l'intelligence des choses, et les vieillards qui, chaque jour, sentent des brumes plus épaisses monter à l'horizon de leurs regards.

Les femmes, vous les avez vues marcher en foule à la souffrance d'autrui comme tant d'hommes ont marché à leur propre mort. Des spectacles inouïs que cette dernière année a livrés à l'historien, je n'en sais pas de plus émouvant que cet enrôlement spontané de cent mille sœurs de la Croix-Rouge. Et il y en a déjà parmi elles qui ont rejoint pour toujours leurs frères restés au champ d'honneur.

Mais cette guerre n'est pas seulement pour tuer dans la bataille ou pour sauver à l'hôpital. Elle est aussi (et c'est ce qu'elle a montré de plus nouveau) une guerre économique, c'est-à-dire qu'il nous faut, pied à pied, heure par heure, et en quelque sorte sou par sou, chasser les produits ennemis de nos marchés et de nos usines, y mettre les nôtres à la place, rendre leur abondance aux sources de notre richesse nationale, et faire en sorte que la France, de nouveau, alimente sa vie et ouvre ses demeures aux francs produits du terroir natal. Dans cette entreprise, qui a une grandeur de combat, les moins robustes peuvent creuser des sillons semblables à des tranchées, et préparer des moissons semblables à des munitions. Ces enfants que j'ai vus si souvent, au cours de l'été, arracher les mauvaises herbes du champ paternel et lui rendre sa vigueur naturelle, ces enfants ont, à leur manière, remporté une victoire française. Ces vieillards et ces femmes qui ramassent péniblement les algues sur les rivages de l'Océan, à leur manière encore, aideront à vaincre l'Allemagne : de ces algues on fabriquera des remèdes qui nous permettront de ne plus recourir à des produits germaniques, de guérir nos malades avec des herbes de chez nous. Sachons bien que l'état de guerre doit être partout, au milieu de nous tous, au son de toutes nos heures, à l'occasion de toutes nos habitudes ; et que, longtemps après qu'il aura pris fin sur le front de bataille, il devra durer dans chacun des recoins de notre sol ; et que ce sol est assez vaste et assez riche pour faire une place de combattant à des travailleurs de tout âge et de toute force.

A ceux mêmes qui ne peuvent, hélas ! qu'écrire et parler, la besogne ne manque point. Dès le premier jour des hostilités, notre adversaire a voulu que cette lutte ne fût pas seulement l'affaire du sang, du fer et de l'or, mais encore de la parole et de la pensée. Il a multiplié les manifestes, les mémoires et les conférences ; il a donné au conflit une allure de discussion procédurière et de bavardage oratoire que nous n'avions jamais vue dans une guerre entre nations, et qui nous a rappelé la Ligue et ses pamphlets, la Fronde et ses mazarinades. D'ordre souverain, ses intellectuels sont intervenus ; et les membres de ses Académies ou de ses Universités ont rédigé d'étrange déclarations. A Berlin, durant le dernier hiver, l'élite et la foule se sont pressées pour entendre les « discours allemands en temps difficile », et d'ingénieux libraires ont su en faire arriver l'écho dans les tranchées militaires. Une imprimerie portative accompagne les corps d'armée en marche ; et le soldat germanique reçoit, chaque jour, sa ration de feuilles imprimées. Ces écrits, ces journaux, ces images, si énorme qu'en soit devenue la masse, il serait fâcheux de les ignorer et de ne point y répondre : ils renferment un tel nombre d'erreurs, de mensonges et de sophismes, que les neutres en subissent l'influence, et que la postérité en sera troublée, si nous ne rendons pas la suprématie à la raison et leurs droits à la justice et à la vérité. Ne dirons-nous pas à Deissmann, professeur d'histoire religieuse à l'Université de Berlin, qu'il a trahi son Dieu en dénaturant les leçons du Christ et en proclamant la religion de la force comme religion de l'avenir ? Ne dirons-nous pas à Schmid, professeur d'histoire de l'art à l'Université de Gœttingue, qu'il a profané sa science en déclarant que la cathédrale de Reims était un chef-d'œuvre de l'art germanique et que, pour cela, les Français l'ont offerte d'eux-mêmes aux boulets de leurs adversaires? Devant de telles paroles, et proférées par des maîtres, nous ne pouvons pas nous taire. O mes chers amis du front, à nous aussi, écrivains et professeurs, chaque journée nous apporte le signal d'une contre-attaque et des poisons à écarter.

Cette guerre fait appel à toutes les énergies morales et religieuses. La diversité et le nombre des forces en branle passent l'imagination. Aujourd'hui il faut que nous donnions notre or, qui se transformera en crédit pour notre peuple, en armes pour nos soldats. Demain nous enverrons notre laine pour réchauffer nos combattants. Chaque semaine, les journaux de province publient la liste des chiens que leurs maîtres offrent comme sentinelles. A nos paroles, on demande d'entretenir la confiance et de dispenser l'espérance. Que chacun applique à la victoire de la France chacun de ses actes et chacune de ses pensées.

Jamais, depuis que le Christ a paru sur la terre, la vie nationale ne s'était ainsi emparée des hommes. Voici revenus les temps des cités et des tribus antiques, où la guerre surexcitait et employait toutes les facultés individuelles. En ces temps-là, dès l'instant de l'appel aux armes, tout ce qui vivait ou gisait sur le sol et dans l'air même de la patrie, tout, esprit ou matière, lui appartenait aussitôt, mobilisé par son ordre. Les morts semblaient debout comme les vivants, et, à travers les tombeaux, envoyaient à leurs enfants des mots de courage ; les dieux sortaient de leurs temples et se manifestaient au milieu de leur peuple ; des enseignes magiques invitaient à la mêlée les bêtes de la forêt et les oiseaux du ciel ; et le sanglier des Ardennes fraternisait avec le cheval du Limousin et le guerrier d'Auvergne pour marcher contre l'ennemi. C'était un spectacle formidable, miraculeux d'allure vivante et de délire sacré. Notre nation, avec plus de calme et dans toute sa raison, offre aujourd'hui un spectacle pareil, évoquant tous les souffles de ses âmes et toutes les richesses de sa terre pour sauver et accroître son génie.

La guerre nationale en France

Une guerre nationale, la première et la seule guerre qui ait été vraiment nationale, faite par la nation entière et faite uniquement pour elle : voilà ce que représente ce moment de notre histoire. Au delà, dans le passé, si grandes que furent les autres guerres, aucune n'a mérité d'être, comme celle-ci, la guerre pure et sainte de la France. Toutes ont été mêlées d'éléments impurs, de ceux qui troublent ou divisent un peuple.

En 1870, la guerre fut regardée, à tort ou à raison, comme l'affaire d'une dynastie. Le nouveau régime la continua, mais au milieu de combien de secousses intérieures ! Et à la fin, au moment peut-être où la victoire serait venue à nous, des disputes de partis gênèrent les réflexions.

En 1815, lorsque l'ennemi descendait sur Paris, qui donc s'en inquiétait sérieusement ? Les parents du souverain vaincu ne pensaient qu'à mettre en lieu sûr leurs trésors ; des chefs politiques profitaient de la défaite pour se donner quelque rôle ; et quand les vainqueurs se présentèrent aux portes, ce fut, pour quelques-uns, un jour de fête.

Certes, en 1792, Valmy fut une belle journée : l'apparition d'une guerre nationale au milieu de bataille de princes. Mais notre nation n'était point toute à Valmy, et les cris de colère contre l'ennemi s'y mêlèrent d'imprécations contre la tyrannie, provoquées par les pires discordes politiques.

Avant cette date, la plupart de nos guerres ont fait sa place à l'esprit national, ont eu leurs instants et leurs accents de patriotisme. Deux d'entre elles, surtout, rappellent la nôtre, guerre de défense et de libération : celle à laquelle Henri IV présida contre l'impérialisme espagnol, celle à laquelle est demeuré attaché le nom de Jeanne d'Arc Mais l'une et l'autre furent aussi des guerres civiles ; elles ne montrèrent pas, comme celle de nos jours, la France intégrale, dressée dans son droit et son devoir.

La forme allemande de la guerre

Je sais bien que, de l'autre côté du front, en Allemagne, la guerre actuelle a produit les mêmes phénomènes de concentration et de tension nationales. Là aussi elle est, en ce moment, obligation et passion collectives, toutes les volontés humaines se sont raidies sous un même sentiment, toutes les matières du sol ont été attirées vers un même but.

Pourtant, à l'examen de l'histoire, cette guerre n'apparaîtra pas, du côté de l'Allemagne, l'acte absolu d'un esprit national. Elle ressemble plutôt, là-bas, telle que ses chefs et ses hommes l'ont voulue, à tant de guerres que l'Europe a subies depuis les premières invasions germaniques, guerres d'avidité territoriale ou d'ambitions personnelles qu'ont provoquées le régime féodal ou les intérêts dynastiques. L'Allemagne, je vous l'ai dit souvent cette année, n'a que l'apparence d'un être du présent : elle porte en elle des principes délétères qui dérivent du passé, de tous les passés, principes que d'autres nations modernes ont répudiés, mais qui inspirent toujours sa manière de penser et de combattre. Etudiez les desseins qu'elle forme : et vous verrez qu'elle prend modèle sur un prince féodal, sur un Frédéric II ou sur un Charles-Quint.

Ce qu'elle veut, ce qu'elle a préparé dans la

paix et cherché dans la guerre, ce sont des conquêtes et rien que cela, la mainmise sur le monde, tantôt affichée sous le titre d'Empire, tantôt dissimulée dans un organisme commercial : et la voilà qui se dirige contre Briey, parce qu'elle a besoin des mines de Lorraine, contre Anvers et contre Calais, parce qu'il lui faut un port sur la mer du Nord et un port sur la Manche, contre Salonique enfin, parce que ses marchands réclament un débouché sur les mers orientales. De toute l'Europe, elle a rêvé de faire une immense Autriche, un amalgame de corps disparates et de peuples violentés, réunis par la tyrannie d'un maître et la cupidité de quelques brasseurs d'affaires ; et cette Autriche, cet Empire suranné, vieux et délabré comme son souverain, vestige intolérable des âges disparus, deviendrait le type de la société nouvelle, façonnée par des mains allemandes !

Mais ces rêves, ce sont autant de démentis ou de défis à l'existence nationale, je ne dis pas seulement des autres peuples, mais de l'Allemagne même. Démembrer la France, asservir la Belgique, détruire la Serbie, c'est violer ce principe de la patrie dont l'Allemagne prétend se réclamer. Si elle veut être un Empire universel, c'est qu'elle veut cesser d'être une nation. Les idées ont une vie par elles-mêmes ; ce sont des forces auxquelles il ne faut point toucher. Si vous les blessez en autrui, elles s'affaibliront en vous. L'Allemagne, par sa haine des autres nations, diminue en elle la vigueur du ferment national.

Ses ambitions territoriales, économiques, intellectuelles, les grands mots que je lis à foison dans les brochures allemandes, — empire à agrandir, prestige à conserver, routes à suivre, marchés à prendre, vaincus à organiser, et la place au soleil, et l'élection divine, et tout le reste, — analysez avec soin les idées que portent ces mots, et vous verrez qu'elles émanent, non pas de la noblesse d'un esprit national, mais des plus laides habitudes du passé, butin de bandes en armes, levée de tribus qui émigrent, luxure de proconsuls ou de princes, banditisme de traitants ou de négriers. L'Allemagne peut avoir paroles et cadre de nation : l'âme d'une vraie patrie n'a point encore pénétré en elle. Elle traîne toujours le poids des vices de son héritage impérial et féodal.

Le droit national à l'Alsace et à la Lorraine

Qu'elle ne nous reproche pas, à nous, de vouloir aussi des conquêtes, en revendiquant l'Alsace et la Lorraine.

Revendiquer ces deux provinces, c'est, bien au contraire, une solennelle protestation contre l'esprit de conquête, contre ce système d'empire et de fiefs qui étreint l'Allemagne, et dont elle menace les nations modernes. Quand elle nous les prit, en 1871, elle procéda comme si elle était encore le Saint Empire Romain Germanique, dont les frontières pouvaient se déplacer au gré de ses caprices; elle crut que c'étaient des terres semblables à tant de domaines féodaux, qui s'attachaient, suivant le moment, au voisin le plus fort, au prince le plus offrant; elle ne s'aperçut pas que les temps étaient changés en Europe, que notre nation avait terminé sa croissance, que l'Alsace et la Lorraine étaient devenues les membres de cette nation, vivant de sa vie, pénétrées de son souffle, échangeant leur sang avec le sien. Dominée par les survivances et les rancunes de son passé, justifiant ses convoitises brutales par les coupables théories de ses savants, l'Allemagne ne comprit pas ce qu'était une nation, un être éternel qu'on ne doit pas mutiler, et dont les parties, à peine séparées, cherchent aussitôt à se rejoindre. C'est pour cela que l'obstination de l'Alsace et de la Lorraine, qui veulent redevenir françaises, de la France, qui veut les reprendre, cette volonté déconcerte nos ennemis; et je ne sais si elle leur cause plus de surprise ou plus de colère.

Mais cette volonté achève d'affirmer le caractère national de notre guerre : elle est la plus admirable sanction que la France puisse donner au principe des nationalités, gage pour plus de liberté et plus de justice dans le monde. Recouvrer ces provinces, c'est maintenir que ce principe ne doit subir aucune atteinte, c'est décider que le temps et la force ne prévaudront pas contre la volonté d'un peuple, c'est donner à cette guerre le pieux motif d'une nation à reconstituer dans son intégralité naturelle, d'une patrie à relever dans sa grandeur.

L'union sacrée

Cette raison de se battre, nous l'avons tous comprise, d'une intuition unanime et spontanée, à l'heure précise du décret solennel. Un instinct surhumain nous a avertis que c'était la grande lutte pour la France; et nous avons senti que la Patrie avait, cette fois, tous les droits sur nous, et nous tous les devoirs envers elle.

L'idée nationale n'est jamais entrée en conflit avec d'autres idées. — Si des hommes ont pensé autrement, et que leurs noms soient jamais connus, l'histoire, à défaut des lois, leur refusera le titre d'appartenir à la France.

Il y a chez nous, assurément, des partisans de dynasties déchues ou de ministères tombés. Aucun d'eux, j'imagine, n'a tenté d'exploiter le danger pour satisfaire une vengeance ou faire triompher ses amitiés. Jamais, dans le cours de notre vie publique, les partis politiques n'ont été plus muets, ou, si vous préférez, moins écoutés par la France.

Il y a chez nous des passions provoquées par la haine ou l'amour de la religion. Un instant, nous avons craint qu'elles se rallumeraient à la chaleur de l'excitation générale. Des mots imprudents ont été prononcés. Mais le bruit s'en est perdu dans la sagesse du pays. Et jamais, depuis des siècles, la paix religieuse n'a été moins troublée.

Il y a chez nous, enfin, des dissentiments sur les questions sociales. Nous les retrouverons au lendemain de la paix. La nature de cette guerre les a supprimés pour un temps. Ils ne pouvaient durer devant les leçons de ces batailles confondant les classes, de cette bienfaisance rapprochant les rangs, de l'Etat affirmant la solidarité de tous dans les malheurs à réparer, de l'égalité la plus complète résultant à la fois de l'action de nos lois et de l'effort de nos mœurs.

Cette union, ce silence des passions, est un moment unique dans notre histoire. Je ne sais s'il persistera. Mais il s'est produit.

Moment décisif dans notre vie nationale

S'il s'est produit, ce n'est pas seulement parce que le péril a provoqué ce silence et cette union : c'est aussi parce que le péril s'est montré à l'heure exacte où le pays tout entier aspirait à la fin des querelles et des paroles inutiles.

Lorsque la guerre s'approcha, la France était lasse des stériles débats qui l'épuisaient. Elle ne s'y mêlait plus que par un reste d'habitude. Son esprit cherchait d'autres propos que ceux de la politique, d'autres sentiments que ceux de la dispute.

La guerre est venue, qui lui a permis de réaliser les désirs des meilleurs de ses citoyens : mettre de l'entente entre nos partis, de la tolérance entre nos religions, de l'amitié entre nos conditions, être véritablement une nation, une grande famille faite de fraternité publique.

Par là nous avons manifesté en attitude morale ce que les lois, depuis plus d'un siècle, ce que nos bons et vrais chefs, depuis près d'un millénaire, avaient proposé à la vie de la France : la fusion entre ses provinces, l'accord entre ses classes, des droits équivalents, des devoirs communs.

Cette solidarité entre les éléments de la patrie, entre ses groupes d'hommes et ses régions du sol, je ne vous apprends pas que, nulle part en Europe, elle n'a été posée plus tôt, elle ne s'est fixée plus vite que dans la nation française.

La France est l'Etat de l'Europe dont les provinces naturelles sont le plus étroitement réunies :

il n'existe pas, dans son cadre géographique, de nationalité dissidente. Avant les autres peuples, le nôtre a prononcé et appliqué cette formule d'égalité de droits et d'obligations qui assure à tous les êtres d'un pays la même place dans la société politique. Et, par ces deux choses, elle a été, dans l'histoire moderne, la première prête entre les nations.

S'il en a été ainsi, je vous l'ai souvent dit et je vous le répéterai cette année, c'est que la nature s'est mise d'abord à la tâche de faire une nation française, c'est qu'ensuite tous les siècles se sont appliqués sans répit à la même tâche. Sur ce sol préparé pour l'unité, chaque génération a déposé un nouveau germe d'entente. Les Gaulois, les Romains et les Francs, les Druides et Charlemagne, les épopées des pèlerins et les écoles des moines, ont collaboré à l'œuvre immortelle, aussi bien que les vainqueurs de Bouvines, que Jeanne d'Arc, Henri IV et les hommes de la Révolution.

Cette œuvre s'acheva, au cours du dernier siècle, par les derniers décrets politiques, par les premières lois sociales, par la fin des agitations dynastiques. La France était enfin terminée, elle pouvait se présenter au monde pour offrir à tous son aide et son exemple, lorsque l'Allemagne s'est dressée subitement devant elle, avec sa jalousie et ses avidités, en appelant, pour enrayer nos destins, à toutes les puissances du mal. Et cette guerre est la suprême tentative faite par l'adversaire voisin pour détruire cette nation et abîmer l'œuvre de vingt siècles.

La menace contre la nation française

Car, si nous avions été vaincus, il ne s'agissait point, pour nous, de perdre seulement des provinces, des mines, des ports, biens que l'on peut reprendre. Il nous fallait, comme Athènes l'aurait fait si elle avait succombé devant Xerxès, il nous fallait changer le chemin de notre histoire et la nature de notre vie. Une Allemagne victorieuse, ce ne serait pas une nation plus forte que l'on apaise par un sacrifice; elle se transformerait en un Empire sans borne et sans mesure, qui ferait sentir sa suprématie en tous lieux et en toutes choses. La question, il y a seize mois, n'était pas celle d'une paix plus ou moins coûteuse, de bénéfices plus ou moins grands, ainsi qu'il en a été dans la plupart de nos guerres après la chute de Rome; la question était si nous demeurerions une France autonome ou les protégés d'une monarchie mondiale. Et jamais débat plus solennel ne s'est engagé sur notre terre depuis le jour où les légions de César assiégèrent les Gaulois dans leur ville sainte d'Alésia.

Oh! je ne suppose pas que l'on eût voulu annexer la France, ni lui imposer un dynaste germain, ni la démembrer jusqu'à la rendre méconnaissable. Ces procédés ne sont pas de notre temps, encore que l'Allemagne ne répugne à imiter les crimes d'aucune époque.

Elle exercerait, en tous cas, un contrôle sur

nos armements et nos relations. Ce qu'elle nous laisserait de colonies, nous le tiendrions de sa bonne grâce. Nous conserverions le nom de liberté, comme la Grèce sous Néron, à titre de leurre ou de souvenir dont on amuse les nations qui ont fini leur temps; mais nous reverrions les formes de dépendances qu'inventa l'Empire romain.

Nous en verrions d'autres, qui se produiraient à l'usage. La plus lourde peut-être serait cette oppression économique qui est un des modes de l'impérialisme contemporain, et qui fut moins sensible lors de l'impérialisme antique. Les produits dans nos marchés, les capitaux dans nos banques, les titres dans nos Bourses, ingénieurs aux usines, courtiers aux foires, prospecteurs aux mines, des règlements commerciaux ouvriraient toutes grandes les portes de la France aux marchandises et aux trafiquants de l'Allemagne, et, depuis le papier où j'écris jusqu'au filament qui m'éclaire, je serais tributaire de l'Etat souverain; chacun de mes besoins lui apporterait un peu de mes ressources. Et je vous assure que ce tribut économique est une marque permanente d'esclavage aussi pénible qu'une contribution de guerre ou qu'un hommage féodal.

Puis, il y aurait les servitudes scientifiques et artistiques, échanges et équivalences universitaires, exigences d'Académies, éditions à utiliser, drames à jouer, que sais-je encore? toute la menue monnaie de l'intellectualisme allemand, que notre faiblesse nous empêcherait de refuser.

Les choses, croyez-moi, iraient très vite. Voyez où nous en étions avant la guerre, lorsque des milliers d'Allemands vivaient au milieu de nous, et que l'Allemagne s'infiltrait à la fois au plus profond de nos maisons par la marchandise à treize sous des bazars populaires et des colporteurs de campagne, au plus profond de nos esprits par les sophismes et les affirmations de ses philosophes et de ses politiques, camelote pire que l'objet à treize sous.

La défaite, c'était la France pour longtemps endormie, dépouillée de tout ce qui est sa raison d'être, ses libertés publiques, la richesse de son travail, la grâce de ses produits, le charme de ses talents. Je ne dis pas la mort de la France, je vous rappelle que les nations ne meurent pas. Mais les résultats des siècles auraient été compromis, et il faudrait attendre les hasards de l'avenir pour ressusciter notre patrie dans son corps et son âme, ainsi que la Gaule a dû attendre la fin de l'Empire romain pour s'essayer à redevenir une nation. Si l'Allemagne l'eût emporté, l'effort de nos aïeux, ouvriers, écrivains et rois, était à recommencer, et la France serait vaincue dans ses morts aussi bien que dans ses vivants.

La France victorieuse
entre le bien et le mal

Mais la France n'a pas été vaincue ; et demain, quand sa victoire s'achèvera, nous serons maîtres de nos destinées, plus qu'à aucun autre moment de notre histoire, parce que nous aurons assuré pour toujours la sécurité de notre frontière, après avoir terminé au dedans l'édifice de notre nation.

Alors, comme le héros de la Fable, nous aurons le choix entre le vice et la vertu.

Le vice, ce sera de croire accomplie la tâche de la France, et qu'il ne lui reste plus qu'à se laisser vivre ; ce sera de renoncer aux sentiments qui font notre union, et qui, après tout, sont les motifs sacrés d'une nation ; ce sera d'oublier qu'après avoir formé un instant une patrie idéale pour nous sauver de la défaite, notre devoir est de la continuer pour l'offrir en modèle aux autres peuples. Et nous choisirions le sentier du vice, si, délivrés des grands soucis, nous ne songions plus qu'aux vaines querelles, aux futiles intolérances, aux menaces ou aux injustices sociales.

Mais ce serait également le vice si nous profitions de la force et du prestige que donne la victoire, pour reprendre, comme au lendemain d'Austerlitz, une politique agressive ou conquérante. Ce serait faire contre d'autres nations ce que nous n'avons pas voulu subir de l'une d'entre elles : et la loi religieuse doit être la même pour les peuples et pour les hommes. Ce serait outrager en autrui la vertu et la poésie de ces sentiments de patriotisme, de respect de soi, de dignité nationale, qui auront fait notre gloire dans les jours de détresse. Gardons-nous d'imiter Rome victorieuse de Carthage, qui, pour remercier ses dieux de l'avoir sauvée, leur offrit la domination de l'Orient.

Imitons Athènes au lendemain de Salamine. Quand elle eut vaincu l'Empire perse, et rendu la liberté aux autres cités grecques, elle récompensa ses dieux en multipliant les grandes œuvres, les hautes pensées et les nobles discours sur la terre régénérée qu'ils lui avaient rendue. Elle devint maîtresse d'éloquence, d'art et de sagesse ; elle institua des préceptes de conduite et des lignes de beauté qui dirigeront éternellement les volontés et les regards des hommes. Dès lors, et pour toujours, Athènes s'établit, par le seul ascendant de son génie, la capitale des âmes humaines ; et les Romains eux-mêmes, malgré leur force, courbèrent les faisceaux de leurs licteurs et la pourpre de leurs Césars devant la majesté de la cité divine. Etre demain, comme nation moderne, ce que fut Athènes comme ville antique, un sanctuaire de liberté, de travail, d'idéal, voilà où conduit le sentier de vertu qui s'ouvrira devant la France héroïque et victorieuse.

A nous il appartiendra de choisir. Et si nous prenons la bonne route, cette guerre sera la crise triomphale qui fera s'épanouir la maturité féconde de notre vie nationale.

*
* *

Ce mot de nation, que je n'ai cessé de répéter aujourd'hui, dominera désormais cet enseignement, puisqu'à travers l'ombre des temps ligures, nous allons voir bientôt, sous le nom de Gaule, briller les premiers traits de la nation française. Aussi vous demanderai-je cette année, comme préambule à une nouvelle période de notre histoire, de rechercher ensemble ce qu'est une nation et ce qu'est une patrie, de quels éléments sont nées la nation et la patrie de France.

TABLE DES MATIÈRES

LES RAPPORTS DU PRÉSENT ET DU PASSÉ. 5
L'ÉTERNITÉ DE LA NATION. 9
LA FRANCE, PAREILLE A UNE SEULE CITÉ. 11
LES REMPARTS SACRÉS DU FRONT. 14
L'APPEL A TOUS LES FRANÇAIS. 16
LA GUERRE NATIONALE EN FRANCE. 23
LA FORME ALLEMANDE DE LA GUERRE. 25
LE DROIT NATIONAL A L'ALSACE ET A LA LORRAINE 28
L'UNION SACRÉE. 30
MOMENT DÉCISIF DANS NOTRE VIE NATIONALE. . 32
LA MENACE CONTRE LA NATION FRANÇAISE. . . . 34
LA FRANCE VICTORIEUSE ENTRE LE BIEN ET LE MAL. 37

PARIS	**BLOUD & GAY**	BARCELONE
7, Place St-Sulpice	ÉDITEURS	Calle del Bruch, 35

LA GUERRE ALLEMANDE & LE CATHOLICISME

Par Cardinal AMETTE; Mgr BAUDRILLART; Chanoines ARDANT; COUGET; GAUDEAU; MM. G. GOYAU et F. VEUILLOT. — Documents.

1° Un volume In-8° Prix 2.40 net

═ 2° **ALBUM N° 1** ═ □ ═ 3° **ALBUM N° 2** ═

Documents photographiques illustrant la conduite respective des armées allemandes et françaises à l'égard de l'Église Catholique. **1.20** net

Quelques portraits de prêtres français mis à mort par les allemands et autres documents photographiques du même ordre. **1.20** net

─── 4° ───

1 Série de 12 **CARTES POSTALES** publiées par
LE COMITÉ CATHOLIQUE DE PROPAGANDE FRANÇAISE A L'ÉTRANGER

Prix de la Série : 1 franc

L'ALLEMAGNE et les ALLIÉS devant la CONSCIENCE CHRÉTIENNE

Par Mgr CHAPON, Evêq. de Nice; Mgr BAUDRILLART; Mr Denys COCHIN, Ministre d'Etat; le Baron d'ANTHOUARD; Mgr BATIFFOL; R. P. JANVIER; de LANZAC de LABORIE; Ed. BLOUD; F. VEUILLOT. — Documents.

Un volume In-8° Prix 3.60 net

Johannes JÖRGENSEN	**LA CLOCHE ROLAND** Les Allemands et la Belgique	3.50
Abbé FOULON	**Arras sous les Obus** 100 photographies Préface de Mgr LOBBEDEY, Evêque d'Arras	3.50
Baron A. de MARICOURT	**LE DRAME DE SENLIS** Journal d'un Témoin	3.50
Hubert de LARMANDIE	**Blessé, Captif, Délivré !** Préface du Général MALLETERRE	3.50
Louis COLIN	**Les BARBARES à la TROUÉE des VOSGES** Préface de Maurice BARRÈS	3.50
Georges DESSON	**Souvenirs d'un OTAGE** Préface de Serge BASSET	2.50

Imp. Artist "Lux", 131, boul. St-Michel, Paris.

www.ingramcontent.com/pod-product-compliance
Lightning Source LLC
Chambersburg PA
CBHW061004050426
42453CB00009B/1259